我的
知识产权课

清华大学附属中学 组织编写

王殿军／主编

方妍 徐文兵 谭晨／副主编

杜娜／绘

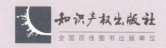

知识产权出版社

全国百佳图书出版单位

图书在版编目（CIP）数据

我的知识产权课 / 清华大学附属中学组织编写；王殿军主编 . —北京：知识产权出版社，2019.6

ISBN 978-7-5130-6232-9

Ⅰ . ①我… Ⅱ . ①清… ②王… Ⅲ . ①知识产权—基本知识 Ⅳ . ① D913.4

中国版本图书馆 CIP 数据核字（2019）第 080047 号

责任编辑：李 潇		责任校对：潘凤越	
书装设计：研美设计		责任印制：刘译文	

我的知识产权课

清华大学附属中学 组织编写

王殿军 / 主编

方妍 徐文兵 谭晨 / 副主编

杜娜 / 绘

出版发行：知识产权出版社 有限责任公司	网 址：http://www.ipph.cn	
社 址：北京市海淀区气象路 50 号院	邮 编：100081	
责编电话：010-82000860 转 8133	责编邮箱：3275882@qq.com	
发行电话：010-82000860 转 8101/8102	发行传真：010-82000893/82005070/82000270	
印 刷：北京嘉恒彩色印刷有限责任公司	经 销：各大网上书店、新华书店及相关专业书店	
开 本：787mm×1092mm 1/16	印 张：5.25	
版 次：2019 年 6 月第 1 版	印 次：2019 年 6 月第 1 次印刷	
字 数：68 千字	定 价：28.00 元	

ISBN 978-7-5130-6232-9

我的知识产权课
编委会

主　　任　王殿军

副主任　方　妍　徐文兵　谭　晨

编　　委　尹粉玉　张　苏　朱　培
　　　　　许　菡　刘晓琳

序

改革开放四十多年来，国家的政治、经济、教育、文化等社会发展的各个方面均发生了辉煌巨变，取得了前所未有的成就。作为与改革开放同龄的知识产权保护工作，可谓从无到有、从有到优。国家先后出台了多个文件用以推进知识产权保护、构建知识产权多方联动机制、加大知识产权保护工作格局、拓宽知识产权教育面、加强知识产权人才培养工作。

2016 年，国务院印发《"十三五"国家知识产权保护和运用规划》，其中特别指出要加强知识产权普及型教育。要"开展全国中小学知识产权教育试点示范工作，建立若干知识产权宣传教育示范学校。引导各类学校把知识产权文化建设与学生思想道德建设、校园文化建设、主题教育活动紧密结合，增强学生的知识产权意识和创新意识"。将知识产权教育进校园、知识产权教育走进中小学纳入"十三五"国家知识产权发展规划中。清华大学附属中学（简称清华附中）有幸于 2016 年成为"第二批全国中小学知识产权教育试点学校"。

一直以来，清华附中一直坚持身为名校的三大责任：一是，为领袖人才奠基，抓好教育教学质量、提高教师教育教学水平；二是，引领教育改革创新，为基础教育的进步不断探索；三是，努力承担社会责任，为基础教育的均衡发展不懈努力并付诸实践。

清华附中在中小学知识产权教育方面已经开展卓有成效的尝试。在成为"第二批全国中小学知识产权教育试点学校"后，学校进一步明确了将知识产权教育"具体化、操作化"的工作思路，争取通过努力能够较好地完成知识产权教育试点学校的任务，同时将所取得的经验积极推广，进一步为教育改革创新工作添砖加瓦，也为知识产权教育在中小学的实践提供操作化的方案。

为此，清华附中成立了"知识产权教育工作小组"，进行了多方面的调查和实践，并通过教育教学活动探索学生的实际需求。经过两年多的努力，我们编写了这本面向中小学生的《我的知识产权课》。本书在结合大量知识产权实例的基础上，将知识产权的理论知识融入其中，帮助学生通过丰富的实践活动增强知识产权意识和创新意识，提高知识产权实践能力。

本书包含八个章节的内容，章节设置包含"知识课堂""课堂拓展""课堂活动""你知道吗""思考与讨论""课后拓展与研究"六个组成部分，涵盖知识产权的相关知识、具体案例分析、课堂活动、拓展研究以及课后小任务等。本书既可以单独进行学习，也可以与道德与法治、综合实践活动、研究性学习等课程结合起来使用。

我们衷心希望借助《我的知识产权课》帮助中小学生打开知识产权的大门，同学们在学习知识的同时能够提升保护知识产权的意识，进而形成保护知识产权的责任感，成为能够承担民族复兴大业的时代新人。

王殿军

2019 年 3 月

目　录

第一章

什么是知识产权

　　某减肥公司为了宣传推销自己的新产品，在未经得某明星同意的情况下，擅自对该明星的照片进行了后期处理，将该明星的照片改成了一个"瘦版"和一个"胖版"，用以说明该明星在使用该减肥公司的减肥产品前后所产生的巨大差距。

　　后来，该减肥公司盗用明星照片的行径遭到了曝光，有人劝这位被盗用照片的明星将该公司告上法庭，因为该公司侵犯了该明星的知识产权。你觉得这项起诉合理吗？为什么？

　　大家都在说要注意保护知识产权，那么知识产权到底是什么？它又包含哪些类别？了解知识产权的相关知识和法律对我们又有怎样的意义呢？同学们，你们都知道吗？

　　下面，让我们走进知识殿堂，了解一下到底什么是知识产权吧！

一、知识课堂

知识产权，是人们在科学技术和文学艺术等领域内，对基于脑力劳动创造完成的智力成果所依法享有的专有权利。这种权利是指对智力劳动成果依法所享有的占有、使用、处分和收益的权利。

相对于有形财产而言，知识产权确切地说是一种无形的财产权，它和房屋、金钱、车辆等都一样，具有价值和使用价值。

知识产权主要包含以下几种类别：

（一）专利权

在我国，专利申请被授予专利权后，专利权人就享有专有的专利权，包括独占权、许可实施权、转让权。

（二）商标权

商标权，是指商标所有人在一定地域范围内，依法直接支配特定商标，并排除他人非法干涉的知识产权。

（三）著作权

著作权，也称版权，是指文学、艺术、科学作品的作者和相关权利人对作品及相关客体所享有的专有权利。

（四）其他

随着时代的发展和社会的进步，知识产权的内容也在不断地丰富。除了前面提到的专利权、商标权和著作权之外，商业机密、植物新品种、集成电路布图设计、地理标志、互联网域名等现在也被列入知识产权范畴。

我的知识产权课

二、课堂拓展

你知道吗？知识产权相关法律法规除了保护人们的合法权益外，还对知识产权的权利人有相关义务的规定。

专利权人的义务

充分公开发明内容的义务；

缴纳年费的义务；

专利权授予以后，专利权人自己实施或许可他人实施该专利的义务；

……

商标权人的义务

商标注册人应当对其使用注册商标的商品或服务的质量负责；

商标注册人应当严格按照商标法律的有关规定正确使用其注册商标；

……

此外，任何知识产权的权利人在行使相关知识产权时都不得违反宪法和法律，不得损害公共利益。

三、课堂活动

下面我们来做一个小练习。看看你对知识产权的了解程度如何。请拿起你身边的一瓶饮料，针对这瓶饮料，说出这瓶饮料本身到底含有哪些知识产权信息呢。

饮料的配方、饮料瓶的设计、饮料公司的注册商标、饮料瓶上的包装，甚至该饮料的名称都属于知识产权保护的范畴。

那么，它们都受到哪种知识产权的保护呢？根据前面的知识，谈谈你的看法。

我认为：

饮料的配方属于＿＿＿＿＿＿＿＿＿＿的保护范畴；

饮料瓶的设计属于＿＿＿＿＿＿＿＿＿＿的保护范畴；

饮料公司的注册商标属于＿＿＿＿＿＿＿＿的保护范畴；

饮料瓶上的包装属于＿＿＿＿＿＿＿＿＿的保护范畴；

饮料的名称属于＿＿＿＿＿＿＿＿＿＿的保护范畴。

四、你知道吗

世界知识产权日与世界知识产权组织

每年的 4 月 26 日是世界知识产权日。世界知识产权日是由世界知识产权组织在 2001 年 4 月 26 日设立的，目的在于鼓励全世界的人们树立起尊重知识、保护知识产权的意识。

世界知识产权组织是一个服务于知识产权政策、合作与信息的全

球论坛。截至 2018 年，该组织已经有 191 个成员国。中国是在 1980 年 6 月 3 日加入该组织的，是世界知识产权组织的第 90 个成员国。

世界知识产权组织属于自筹资金的联合国机构，职能主要在于协调国家与国家之间的合作，从而促进对全世界知识产权的保护工作。世界知识产权组织将一大部分财力用于支持发展中国家的发展，鼓励发达国家向发展中国家转让技术，从而最终促进发展中国家科技、文化与经济的发展。

五、思考与讨论

下面让我们回到本章开头时提到的减肥公司侵权的案例。在学完了本章的内容之后，你认为起诉"减肥公司侵犯了明星的知识产权"合理吗？为什么？

如果你认为起诉减肥公司侵犯了该明星的知

识产权，那么你认为该减肥公司侵犯的是哪一种知识产权?

- -

- -

如果你认为起诉减肥公司侵犯的不是该明星的知识产权，那么你认为该减肥公司可能侵犯了该明星的什么权利呢?

- -

- -

六、课后拓展与研究

某学校希望办一次"知识产权进校园"活动，目的在于提高广大师生对科技创新、知识产权政策和制度的认识，加强知识产权意识，增加对专利申请制度的了解等。

现在，请你以一名在校生的身份将你对知识产权感兴趣的问题列出来。等你学完这本书之后，请你回来再看看这些问题是否都有了明确的答案。

第二章

为什么要保护知识产权

很久以前，在还没有知识产权制度的时代，有一个老字号的药店。这家药店生产的药品靠保质保量、药到病除打造出了一块金字招牌，赢得了良好的口碑。

但是有一年，这家药店遇到了信任危机。

有一名曾在这家药店打工的工人，因为机缘巧合知道了药店某种药品的配方。于是他采用劣质药材、以次充好，制作出假冒该知名药店的药品，出售获利。

于是，这家老字号药店将这名工人告上了当地县衙。药店老板花费大量银子，打通各种关系，组织当地的乡亲们来观看庭审。

被告上县衙的工人非常不解，药店老板打官司的话肯定能赢，经济损失多少也能追回一些，为什么药店老板要花费大量银子来宣传这件事情呢？这些花费甚至要比因假药损失的银两还要多。

同学们，你们认为药店老板这样做的意图是什么？

一、知识课堂

让我们进行一下延伸讨论，根据这个故事，你认为保护知识产权的意义在哪里呢？

保护知识产权可以确保所有者的利益，促进社会公平、贸易公平。知识产权所有者费尽千辛万苦得出了一项智力成果，这项成果本应为其谋求一定的利益以填补之前的付出，使其劳动成果获得应有的回报。但有人利用"山寨"、造假，甚至偷窃、抢夺等违法手段占用了所有者的成果和利益，这势必损害知识产权所有者的利益，有碍公平的原则。

保护知识产权，能够使成果得以更好地运用，造福于民。保护知识产权，除了保障知识产权所有者的利益外，还有很重要的一点，就是确保知识产权成果能够发挥其最大价值。就像故事中提到的那样，老字号的药店拥有多年在药物制造方面的经验积累，良好的诚信，精益求精的态度，这些都能够更好地确保其药品的质量。而造假药者单纯追求短时利益，其药品质量自然无法与老字号药店的药品相比。因此，保护生产厂家的利益，从某种程度讲，就是在保证药品的质量，从而让药品更好地服务于民。

保护知识产权能够激励创新，鼓励人们将智力和科学技术转化为现实生产力。保护知识产权，保证知识产权所有者的利益，确保知识产权的成果能够得到保护和普及，这样才能激发人们创新的动力，鼓励人们将智力转化为成果，将技术转化为生产力。

二、课堂拓展

虽然国家出台了多项政策和法规用以保护知识产权，但是我国《专利法》第 25 条中，对以下内容做出了明确规定，规定以下这些项目不授予专利权：

① 科学发现；

② 智力活动的规则和方法；

③ 疾病的诊断和治疗方法；

④ 动物和植物品种；

⑤ 用原子核变换方法获得的物质；

⑥ 对平面印刷品的图案、色彩或者二者的结合作出的主要起标识作用的设计。

对前款第④项所列产品的生产方法，可以依照本法规定授予专利权。

三、课堂活动

针对上面提到的国家对不授予专利权的项目的规定，你觉得合理吗？为什么专利法会做出这样的规定呢？谈谈你的看法。

我认为，专利法对以下内容不授予专利权的原因是：

科学发现

智力活动的规则和方法

疾病的诊断和治疗方法

动物和植物品种

用原子核变换方法获得的物质

对平面印刷品的图案、色彩或者二者的结合作出的主要起标识作用的设计

四、你知道吗

当知识产权被侵害的时候，你知道应该如何处理吗？

第一步：找到涉嫌侵权方协商解决，要求对方停止侵权行为并进行赔偿。

第二步：如果协商无效，可以向人民法院起诉，也可以请求管理专利工作的部门处理。管理专利工作的部门处理时，认定侵权行为成立的，可以责令侵权人立即停止侵权行为，当事人不服的，可以自收到处理通知之日起十五日内依照《中华人民共和国行政诉讼法》向人民法院起诉；侵权人期满不起诉又不停止侵权行为的，管理专利工作的部门可以申请人民法院强制执行。进行处理的管理专利工作的部门应当事人的请求，可以就侵犯专利权的赔偿数额进行调解；调解不成的，当事人可以依照《中华人民共和国民事诉讼法》向人民法院起诉。

第三步：如果对人民法院的判决有疑义，还可以在判决后向上一级法院申请复议。

五、思考与讨论

虽然现在有很多的政策和法规用以保障知识产权所有者的利益，但是实际上很多知识产权所有者遇到被侵权的问题时，都存在维权难的问题。

维权难的原因是多方面的。第一，很多违法行为都存在取证难的问题，比如窃取商业秘密的取证等。有的甚至需要深入被告公司或企业内部才能取证，这显然为知识产权所有者维权带来了不小的难度。

第二，诉讼周期长。从取证、提出诉讼、审理、判决书下达到执行，这个过程是比较漫长的。专利的价值在这个过程中将会不断贬值，侵权的产品很有可能已经大量占领了市场。无法及时制止侵权者的侵权行为而带来的损失也是维权者之痛。

第三，赔偿低。即使经过了漫长的诉讼周期，知识产权所有者获得了官司的胜利，现行的法律法规对知识产权侵权行为规定的赔偿往往也和知识产权所有者的实际经济损失不成正比。因此，时常出现知识产权所有者遇到"赢了官司，输了市场"的问题。

下面，请你思考一下，如果让你提建议，你认为采取哪些举措可以改变这些问题？

我的建议：

六、课后拓展与研究

要做好知识产权的保护工作，完善相关环节的法律法规是非常重要的保障。根据你的所学以及日常对相关知识的了解，谈谈现在我国的法律法规体系中，哪些法律法规是和知识产权相关的？

第三章

知识产权的特点

网上流传着有关托马斯·阿尔瓦·爱迪生（Thomas Alva Edison）发明电灯的很多故事。但是你知道吗？爱迪生实际上并没有发明电灯，而是改进了电灯。爱迪生所拥有的并不是电灯的发明专利，而是一种叫作"炭丝白炽灯"的发明专利。其结构是由高电阻材料的灯丝、低电阻材料的电源线和导线组成。当电流流经灯丝时，由于材料的电阻较高，灯丝产生大量热量，从而发光。

后来，爱迪生又采用竹丝和钨丝作为灯丝的材料，并申请了相关专利。

但是在这个过程中，爱迪生和另外一位发明家就电灯的发明产生了专利纠纷。另外一位发明家就是英国的科学家约瑟夫·斯旺（Joseph Swan）。由于斯旺和爱迪生发明电灯的时间相差不多，因此，两位发明家在英国展开了专利侵权诉讼。最终，斯旺获胜。爱迪生在英国的电灯公司被迫将斯旺加入合伙人的队伍。而在美国的一家叫作索耶曼的公司，也控告爱迪生的公司侵犯了他们的专利权，但最终是爱迪生的公司胜诉了。

同学们，根据上面这个故事，你能总结出知识产权有哪些特点吗？

一、知识课堂

知识产权具有以下三大基本特征：

（一）独占性

独占性，亦称排他性或专有性，即知识产权权利人对其智力劳动成果享有独占和排他的权利。未经知识产权权利人许可，他人不得享有或使用其智力活动成果。

知识产权是一种无形财产，同时又和经济利益挂钩，因此它是一种兼具经济和非经济性质的权利。他人若想获得某项知识产权，必须获得权利人的授权，或者通过合法手续变更权利人的所有权。

比如在前面例子中，虽然斯旺和爱迪生处在不同国家，但双方依然就发明的所属问题展开了诉讼，而爱迪生在英国的电灯公司也不得不让斯旺成为公司的合伙人。

（二）地域性

所谓地域性，是指根据某个国家法律取得的知识产权，只能在该国获得保护；如果希望在其他国家或地区获得保护，须依据相应国家或地区的法律另行提出申请。

同样一项知识产权，在 A 国可以受到保护，可能到了 B 国情形就会很不一样。就像前面的例子，爱迪生的专利在美国赢得了专利保护的诉讼，但在英国的维权官司却没有取得胜利。

（三）时间性

知识产权的时间性是指各国法律对不同类型的知识产权分别规定

了一定的保护期限。知识产权只在规定期限内受法律保护，期满后，相关知识产权就会进入公共领域，成为全社会的共同财富。

也就是说，知识产权所有人对知识产权的独占性并不是永久的，而是有一定有效期限的。这是国际上通用的法则，也是各国知识产权立法的重要原则之一。知识产权的时间性是其和有形财产权之间的重要区别。

二、课堂拓展

那么，知识产权的保护期限到底有多长呢？这个问题很难回答，这是因为：

① 知识产权的保护期限因其法律制定国家规定的不同而存在差异。

不同国家对知识产权的法律规定存在很大差异。比如对于外观设计专利权的保护期限，日本的规定是 15 年，德国是 20 年，英国是 5 年（可以延长 4 次，每次 5 年，相当于 25 年），美国是 14 年，法国是 25 年（经注册人声明还可延长 25 年，相当于 50 年），而中国的规定只有 10 年。

② 知识产权的保护期限因时代的发展也会有所变化。

某项成果的知识产权产生的时间起点并不是该项成果产生的时间，而是需要通过一定的法律认定或是满足一定的手续及条件才能开始。

随着互联网时代的来临，以及各种网络技术和信息手段的升级及更新，某项成果得到认定的时间将会缩短。也就是说，某项成果得到知识产权保护的起点时间距离其产生的时间间隔会越来越短。

此外，随着时代的发展，各种新技术、新发明层出不穷。人们对新技术、新发明的需求也将越来越迫切。这可能在一定程度上会促使法律制定者对知识产权保护期限酌情进行缩短。在这里需要明晰的是，

这种时间上的减少并不代表着对知识产权保护意识的削弱，而是一种对新技术、新发明能够造福于民的鼓励和支持。

③ 知识产权的保护期限也会因受保护的成果种类不同而存在差异。

我国的相关法律法规对专利权、著作权和商标权等受保护期限的规定是不同的。

比如发明专利权的保护期限为 20 年，实用新型专利权和外观设计专利权的保护期限则为 10 年，而商业秘密只要得到有效的保护，那么它受保护的期限则可以无限期延长下去。

三、课堂活动

议一议：

如果说知识产权的存在是为了保护知识产权所有者的利益，那么为什么还要设置知识产权的保护期限呢？永久保护所有者的利益不是更彻底吗？

下面，请大家以小组为单位讨论一下，如果不给知识产权设置有限的保护期限，可能会出现哪些问题？给知识产权设置有效保护期有哪些好处？

讨论结果：

_____

_____

_____

四、你知道吗

温州民营企业打响"中美知识产权第一案"

2007年7月，美国新墨西哥州联邦分区法院对美国莱伏顿（Leviton）公司起诉中国温州通领科技集团（以下简称"通领科技"）侵犯其美国专利案作出判决，判定通领科技制造销往美国的GFCI产品（漏电保护装置），不侵犯莱伏顿公司的美国专利，通领科技依法胜诉。

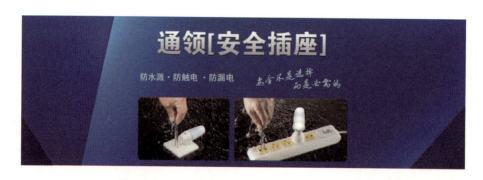

美国莱伏顿公司是美国在 GFCI 产品领域的大型公司，该公司在 GFCI 产品领域先后申请了 70 多项专利。凭借着这些专利的所有权，莱伏顿公司将多家非美国本土以生产 GFCI 相关产品为主的公司赶出了美国市场。

通领科技作为全球生产 GFCI 相关产品的五大企业之一，于 2004 年登陆美国市场。由于其产品价廉质优，受到了美国本土人民的欢迎，同时自然也受到了莱伏顿公司的"关注"。2004 年，通领科技接连收到了莱伏顿公司先后在多个联邦地方法院提出的侵权诉讼。

经过三年漫长的诉讼和取证过程，通领科技集团终于获得了这场"中美知识产权第一案"的胜利。

通领科技集团董事长陈伍胜认为，通领科技之所以能够获得官司的胜利，很重要的一个原因就是他们一直注重科技创新和知识产权保护。在打官司之前，他们在中美两地申请的专利就有 46 项，还有 39 项处在审查过程中。"打铁先要自身硬。我们的出口产品拥有自主知识产权，有信心一决雌雄。"陈伍胜如是说。

五、思考与讨论

日本对著作权的保护期规定为作者有生之年及其死后 70 年内，我国对著作权的保护期规定为作者有生之年及其死后 50 年内。现在，假设你是一名出版社的编辑，今年你想出版一个已经去世 55 周年的日本作家的作品。那么，在不违反知识产权保护期规定的前提下，你可以：

A. 在中国出版该日本作家的作品

B. 在日本出版该日本作家的作品

C. 可以同时在中国和日本出版该日本作家的作品

D. 在中国和日本现在都不能出版

简述你的理由：

六、课后拓展与研究

某动画设计公司承接了一个动画设计的项目。作为该公司设计部的职员，夏某独立完成了该动画片主角的形象设计工作。公司在与设计委托方进行沟通时，夏某的方案第一稿就得到了设计委托方的认可，整个动画设计工作得以提前完成。

夏某认为，自己的动画设计方案给公司节省了时间成本，同时也带来了经济利润，因此，要求公司在使用新的动画形象时，保障自己的知识产权。他要求公司将每年该动画的产品收益的 5% 作为个人分红发给自己，但没有得到公司的批准。

于是夏某将公司告上法庭，他认为公司侵犯了他的知识产权，夏某认为自己具有该动画形象设计的专有权。

假设你是负责此次诉讼的法官，你会如何判决呢？你的理由是什么？如果你觉得难以判断，可以向书本和网络求助哦。

第四章

了解专利权

生活中，我们的身边到处都充满了各种专利。有些专利产品看起来也许会让人觉得没有什么用处，而有些专利产品对某些人来说则是非常重要的福音。举个生活中的小例子，很多人在清早的时候都会觉得起床非常困难，经常会因为关了闹钟之后又睡着了而耽误事情。那么如何能够让人在闹钟响起之后迅速进入清醒状态呢？

让我们看看近几年大家就这个问题都申请了哪些专利吧：

一种充气枕头闹钟（CN201710047539.6），在枕头里内置闹钟，不怕吵不醒你。

一种带夹持器和闹钟功能的蓝牙耳机（CN201611030264.7），在耳朵边吵醒你，不怕你不起。

一种移动式的智能电子闹钟（CN201610942840.9），一旦到了时间，闹钟不仅会响，还会满地跑，你必须迅速起床，还要拿出逮老鼠的速度才能关闭它。

一种眼球识别闹钟（CN201620991413.5），到了设定的时间，你要迅速睁大眼睛对着闹钟的眼球识别模块，只有得到闹钟的确认，它才会停下来。

一种光闹钟眼罩（CN201620944052.9），这个眼罩上带有震动器和发光装置，带着这个闹钟眼罩睡觉，到了起床的时间，它不仅会发光，还会在你的脸上嗡嗡震动叫你起床哦。

一种带闹钟的震动足套袜（CN201620740908.0），不起床？挠你脚心！

是不是很有趣？

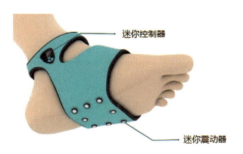

迷你控制器

迷你震动器

一、知识课堂

什么是专利权呢？**专利权**也被称为专利，包括发明、实用新型和外观设计。人们最熟知的应该是发明专利，因此时常有人将专利权等同于发明专利权，其实外观设计和实用新型也属于专利权。

发明，是指对产品、方法或者其改进所提出的新的技术方案。在这里需要特别提到的是，发明专利是集中在自然科学领域的智力成果，非自然科学领域的智力成果，比如文学和艺术创作等，并不归为发明专利的范畴。

外观设计，是指对产品的形状、图案或者其结合以及色彩与形状、图案的结合所作出的富有美感并适于工业应用的新设计。

实用新型，是指对产品的形状、构造或者其结合所提出的适于实用的新的技术方案。

二、课堂拓展

怎么样，你对什么是专利理解透彻了吗？下面，我们通过一个小练习来看看不同的专利权有怎样的区别吧。

小夏、小李和小马对日常人们使用的绘图铅笔提出了自己的设计方案，分别如下：

小夏的方案——具有擦除功能的铅笔。将铅笔的笔杆由木制改为橡皮制造，这样铅笔不仅可以同时具备铅笔和橡皮的功能，同时也为使用者削铅笔降低了难度。

小李的方案——矫正坐姿的铅笔。给铅笔装一个红外探测仪，当人脸距离铅笔太近的时候，铅笔就会发出"嘀嘀"声，提醒使用者注意坐姿。

小马的方案——彩色卡通铅笔。给铅笔笔杆换彩色"外衣"，铅笔不再是单调的绿色笔杆，而是含有多种颜色和十二生肖图案的卡通组合，颜色和图案还可以进行私人定制哦。

如果不考虑成本和可行性的问题，你认为他们三个人的设计方案可以申请哪种专利呢？

小夏的方案可以申请＿＿＿＿＿＿＿＿＿专利；

小李的方案可以申请＿＿＿＿＿＿＿＿＿专利；

小马的方案可以申请＿＿＿＿＿＿＿＿＿专利。

三、课堂活动

在日常生活中，你有没有"灵光一现"的创意可以申请专利呢？是属于发明专利、外观设计专利还是实用新型专利呢？如果有，将你的创意方案描述一下吧。

如果没有，现在看看你身边的东西，你有没有对它们的外形、色彩、构造等进行改进的想法呢？赶紧写下来吧，说不定你会发现，你也有当小发明家的潜质呢。

我的"设计方案"是：

_____

_____

_____

_____

我这项设计的意义在于：

_____

_____

_____

_____

四、你知道吗

前面提到了三种专利类型，那么你知道发明创造要具备怎样的特点才能申请专利吗？

获得发明和实用新型专利需要具备三方面的特点：

（一）新颖性

新颖性，是指该发明或者实用新型不属于现有技术；也没有任何单位或者个人就同样的发明或者实用新型在申请日以前向国务院专利行政部门提出过申请，并记载在申请日以后公布的专利申请文件或者公告的专利文件中。

在这里需要特别强调的是，没有他人申请过该项专利并不意味着没有他人发明过或使用过该项专利。也就是说，如果某一项专利的发明者没有及时申请专利，而被其他人获知了该项专利的细节，那么如果其他人去申请这项专利，专利的所有权就将归申请者而非发明者所有。

（二）实用性

所谓实用性是指该发明或者实用新型能够制造或者使用，并且能够产生积极效果。也就是说，一是能造得出，二是有效果。

比如我们所熟知的哆啦 A 梦的时光穿梭机，这就没有办法申请专利。虽然它很有用，但是我们根本制造不出来。

（三）创造性

创造性，是指与现有技术相比，该发明具有突出的实质性特点和显著的进步，该实用新型具有实质性特点和进步。比如，在前面我们提到的五花八门和闹钟有关的专利，不仅赋予了闹钟新的功能，还能够起到很好的叫醒作用。

五、思考与讨论

下面我们来实践一下。根据前面提到的发明和实用新型专利所应具备的特点，我们再来看看他们三个人关于铅笔的设计方案。你认为他们的方案可以申请专利吗？谁的方案可以，谁的方案不可以？为什么？

小夏的方案——具有擦除功能的铅笔

我认为该方案可以／不可以申请专利，因为：

小李的方案——矫正坐姿的铅笔

我认为该方案可以／不可以申请专利，因为：

小马的方案——彩色卡通铅笔

我认为该方案可以／不可以申请专利，因为：

六、课后拓展与研究

专利号解读

我们在购买商品的时候，时常会看到标注在商品上的专利号，例如：ZL88201465.X，ZL 200730074039.9。

通过这个专利号，我们可以解读到哪些信息呢？首先我们要知道，专利号由以下几个内容构成：申请年号、专利申请种类、申请顺序号、校验位。

其中，已经得到授权的专利号（国家知识产权局发布的授权证书专利号），在最前方会有"ZL"（"专利"拼音的首字母）作为标识。而正在审查过程中，还没有得到授权的专利号，前面没有"ZL"标识。这种专利号的数字排序和组成方式和已授权的专利号是相同的。

在2003年以前，专利申请号编号形式为：前2位数字表示申请年号，第3位数字代表专利申请种类，后5位数字为申请顺序号，点号后的最后一位数字（0～9）或符号（X）是计算机自动生成的校验位。

代表专利申请种类的第3位数字意义分别是：

1= 发明专利申请；

2= 实用新型专利申请；

3= 外观设计专利申请；

8= 进入中国国家阶段的 PCT 发明专利申请；

9= 进入中国国家阶段的 PCT 实用新型专利申请。

例如：专利号为 ZL88201465.X，即该专利是 1988 年申请的第
1465 件实用新型专利。

2003 年之后申请的专利号编号形式为：前 4 位数字表示申请年号，
第 5 位数字代表专利申请种类，第 6 位至第 12 位数字代表当年该类别
申请的序号数，点号后的最后一位数字（0~9）或符号（X）是计算机
自动生成的校验位。

例如：专利号为 ZL 200730074039.9，即该专利是 2007 年申请
的第 74039 件外观设计专利。

根据专利号的变化，你能看出这些年我国专利申请的趋势和变
化吗？

第五章

了解商标权

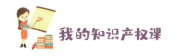

"王老吉"之争

清朝道光年间，广州王泽邦的"王老吉"凉茶远近驰名。后来，王泽邦的后人将"王老吉"凉茶推广到了全球市场，并在 42 个国家和地区注册了"王老吉"商标。其中，内地的王老吉产业与其他企业合作，在不断的发展和改组中最终形成了今天的广药集团，广州羊城药业股份有限公司为其核心控股子公司。而第 626155 号"王老吉"商标（横匾状图案）也于 1997 年被核准转让给了广药集团。

1993 年，香港王老吉第五代后人王健仪女士将王泽邦凉茶祖方中的一款七味秘方独家传授给陈鸿道永久专用，并准许鸿道集团及其在内地投资的公司生产该方凉茶。鸿道集团与香港王老吉后人合作生产经营的红色纸包装凉茶远销海外。

1995 年，鸿道集团在内地投资设立东莞鸿道食品有限公司，并于同年 3 月与广药集团签订了商标使用许可合同，开启了合作历程。鸿道集团被许可使用王老吉商标生产红色纸包装清凉茶饮料。同年 9 月，鸿道集团被许可增加罐装包装形式的凉茶。

之后，鸿道集团委托设计公司设计了红色纸盒装、罐装饮料的包装设计，申请并被授予了外观设计专利权。

1997 年，鸿道集团和羊城药业重新签订商标许可合同，羊城药业只能保留原已生产的纸包装（绿色）王老吉清凉茶。而加多宝集团（隶属鸿道集团）则拿到了红罐装王老吉的生产销售权。

2000 年，广药集团与鸿道集团签订商标使用许可主合同，商标租期从 2000 年至 2010 年 5 月。

然而，2001 年至 2003 年，陈鸿道却三次向广药集团前总经理李益民行贿 300 万港元，在商标许可合同还有 8 年才到期的情况下，与广药集团签订《关于"王老吉"商标使用许可合同的补充协议》等协议，将商标使用期限延至 2020 年，每年商标使用费为 500 万元。

2008 年，广药集团就商标使用问题开始与陈鸿道交涉，认为补充协议"贱租"，涉嫌国有资产流失。2010 年 8 月，广药集团发律师函表示，前总经理李益民因受贿签署的补充协议无效。

2012 年 5 月，仲裁结果判定补充协议无效，要求加多宝停止使用王老吉商标，加多宝随后向北京一中院上诉。当年 7 月，北京一中院终审判定禁止加多宝使用王老吉商标。

最终广药集团成为官司的赢家，彻底拿回了"王老吉"品牌的所有权，而加多宝公司则开启了新的品牌——"加多宝"凉茶。

这个案例让你产生了什么感想？你认为这场官司的结果符合你的判断吗？你的依据是什么？

一、知识课堂

商标是商品和商业服务的标记，是指商品生产者、经营者、服务提供者为了使自己生产、销售的商品或提供的服务，在市场上与其他商品或服务相区别而使用的一种标记。这种标记一般用文字、图形或用文字和图形的组合表示，并置于商品或商品包装上、服务场所或服务说明书上。

商标权是商标所有人在一定地域范围内，依法直接支配特定商标，并排除他人非法干涉的知识产权。

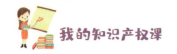

商标注册人拥有依法支配其注册商标并禁止他人侵害的权利，商标注册人享有对其注册商标的独占使用权、许可使用权、商标转让权和续展权等权利。

二、课堂拓展

商标法明确规定，下列标志不得作为商标使用：

① 同中华人民共和国的国家名称、国旗、国徽、国歌、军旗、军徽、军歌、勋章等相同或者近似的，以及同中央国家机关的名称、标志、所在地特定地点的名称或者标志性建筑物的名称、图形相同的；

② 同外国的国家名称、国旗、国徽、军旗等相同或者近似的，但经该国政府同意的除外；

③ 同政府间国际组织的名称、旗帜、徽记等相同或者近似的，但经该组织同意或者不易误导公众的除外；

④ 与表明实施控制、予以保证的官方标志、检验印记相同或者近似的，但经授权的除外；

⑤ 同"红十字""红新月"的名称、标志相同或者近似的；

⑥ 带有民族歧视性的；

⑦ 带有欺骗性，容易使公众对商品的质量等特点或者产地产生误认的；

⑧ 有害于社会主义道德风尚或者有其他不良影响的。

县级以上行政区划的地名或者公众知晓的外国地名，不得作为商标。但是，地名具有其他含义或者作为集体商标、证明商标组成部分的除外；已经注册的使用地名的商标继续有效。

三、课堂活动

根据前面了解到的知识，请你分辨一下，以下这些商标是否符合注册商标的要求和标准。如果不符合，它与哪条标准不相符呢？

商　标	如不符合，请说明理由
（一）红三角牌三角尺	
（二）猪肉牌猪肉松	
（三）小闹钟牌闹钟	
（四）康帅博牌方便面	
（五）红月亮牌洗衣液	

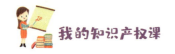

四、你知道吗

商标专用权人依法享有以下权利：

（一）独占使用权

所谓独占使用权，是指在没有得到注册商标所有人的许可的情况下，任何人不得在同一商品或类似商品上使用注册商标或与该注册商标近似的商标，否则构成侵权。

（二）许可使用权

如果想要使用已经被注册的商标，该怎么办呢？商标专用权人可以将自己注册的商标许可他人使用，并因此获得使用报酬。这样商标专用权人和商标使用者可以签订合同，商标专用权人可以将使用权许可单人或多人使用。在签订合同之后，商标专用权人依然保留对商标的所有权。在这里，进行转移的仅仅是商标的使用权，商标的所有权保持不变。

（三）商标转让权

所谓商标转让权，是指原商标所有者可以根据商标法规定的程序，将商标所有权转让给他人。在这里，商标本身没有发生变化，而商标的所有权人发生了变化。在转让之后，原商标所有者将不再拥有对该商标的一系列权利。

（四）续展权

我国规定的注册商标在注册完成后，使用期限为 10 年。同时，根据我国商标法的规定，商标所有人可以申请延长对该商标的所有权和使用权。

五、思考与讨论

　　大名鼎鼎的阿里巴巴集团控股有限公司除了注册"阿里巴巴"商标之外，还分别注册了"阿里伯伯""阿里弟弟""阿里叔叔""阿里兄弟""阿里爷爷""阿里奶奶"等商标。

　　从知识产权保护的层面出发，你认为这体现了知名企业在哪方面的保护意识？

_____

_____

_____

　　你认为各大企业应该如何更好地做好商标的知识产权保护？

_____

_____

_____

商标列表		
阿里叔叔 阿里巴巴集团控股有限公司 商标注册申请中	6277675 第9类	>
阿里伯伯;ALIUNCLE 阿里巴巴集团控股有限公司	6277676 第9类	>
阿里弟弟 阿里巴巴集团控股有限公司 商标注册申请中	6277677 第9类	>
阿里哥哥 阿里巴巴集团控股有限公司 商标注册申请中	6277678 第9类	>
阿里兄弟;ALIBROTHER 阿里巴巴集团控股有限公司 商标注册申请中	6277679 第9类	>
阿里爷爷;ALIGRANDPA 阿里巴巴集团控股有限公司 商标注册申请中	6277680 第9类	>
阿里奶奶;ALIGRANDMA 阿里巴巴集团控股有限公司	6277681 第9类	>

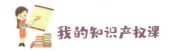

六、课后拓展与研究

"五粮液"与"七粮液"

一天，老师在课上讲到了这样一个案例：

有一家公司为了"打造"自家的白酒品牌，仿照名酒"五粮液"推出了"七粮液"，其包装外形和商标都和"五粮液"拥有许多相似之处，因此被"五粮液"公司告上了法庭。

但是有学生提出了这样的问题：这家公司并没有出产假冒的"五粮液"，怎样能证明"七粮液"品牌和设计不是白酒生产商自己的创意，而判定其侵犯"五粮液"公司的知识产权呢？

你对这个问题是怎么认识的？你认为"七粮液"公司的行为构成侵权了吗？为什么？

- -

- -

第六章

了解著作权

同学们，让我们先穿越回古代，来了解一下古人对版权的保护吧。

在活字印刷术未发明之前，对书籍的盗版行为不多见。但在其发明之后，很多名人的作品就逐渐被盗版分子盯上了。因此，当时的出版业几乎是一个"稳赔不赚"的行业，因为不良书商会通过疯狂盗印来获取收益。百姓很难识别哪些是正版的图书，加之盗版图书的价格更为低廉，因此，真正拥有作者授权的书店老板和出版商反而难以获取利益。

为了能够打击盗版，维护"知识产权"，古人也想出了很多办法，比如：

①在书籍的末尾或是目录，标注出版商的名号和地址。

②出版商为了能让大众抵制盗版，往往还会在书籍的最后来一段"告白"，要么阐明自己经营的不易，要么对自己出版的书籍进行广而告之，要么就是提醒大家不要购买盗版，支持正版。

③当时的官方对于出版商的权益也是有一定的保护措施的。有些出版商为了保护自己的合法权益，将自己出版书籍的权利向上级有关部门注册，并将获得许可的声明张贴到各州县的交通要道，达到广而告知的效果。

但是这些做法并未达到彻底打击盗版的效果。由于当时信息流通效率较低，人们很难识别哪些是合法出版书籍的经销商。此外，由于盗版几乎属于无本生意，因此参与盗版的人趋之若鹜。又因为当时的法规对盗版的定义不是那么完善，所以盗版行为总是屡禁不止。

一、知识课堂

著作权过去也被称为版权，过去的著作权更贴近于"出版权"，也就是拥有对作品印刷出版的权利。

随着时代的进步和发展，著作权的范畴也越来越广，现在受到著作权法保护的范围已经延伸到了以下诸多"著作"中：

文字作品；

口述作品；

音乐、戏剧、曲艺、舞蹈、杂技艺术作品；

美术、建筑作品；

摄影作品；

电影作品和以类似摄制电影的方法创作的作品；

工程设计图、产品设计图、地图、示意图等图形作品和模型作品；

计算机软件；

法律、行政法规规定的其他作品。

受到著作权法保护的作品还应具备以下特点：

作品是思想、情感的表现形式，不是思想、情感本身；

作品应当具有独创性；

该表现形式属于文学、艺术和科学范畴。

二、课堂拓展

① 某公司领导兼法人代表刘某需要在一次公司组织的大型活动上发言。于是刘某让秘书王某承担其发言稿的撰写工作。王某完成后，刘某进行了简单的修改，然后在活动上宣读了此发言稿。请问，这篇发言稿的著作权人应该是谁？依据是什么？

----

② 在公司的年终年会上，刘某需要出席并发言，既要对公司今年的工作进行总结，又要对公司未来的前景进行展望以鼓舞士气。但在年会即将召开时，刘某因故要出差，因此让秘书王某代替其发言。于是，王某在年会上进行了即兴发言。请问，这篇发言稿的著作权人应该是谁？依据是什么？

----

③ 后来，在征得刘某同意后，该发言稿被一位外籍友人进行了整理和翻译，并发表在了国外的相关杂志上。请问，翻译后的发言稿著作权人应该是谁？依据是什么？

三、课堂活动

有一位出版商想要将诗人李白的诗进行再版以获利。

于是在他的授意下，出版社编辑将人们所熟知的李白的诗汇编成册。之后从网上找到了一幅由某当红画家绘制的李白肖像画的图片印刷为封面。同时又在网上拼凑了某当红书法家的字迹形成了"李白诗集"四个大字，刊印在了该书的封面上。

现在根据你的理解说一说，这个例子中出现了几种侵犯知识产权的行为？为什么？

- -

- -

四、你知道吗

随着时代发展和科技进步，人们对于网络媒体的关注度逐渐升高，因此，与之相关的法律法规也越来越完善和细化。例如著名的"转发500条"的法条规定，利用信息网络诽谤他人，同一诽谤信息实际被点击、浏览次数达到5000次以上，或者被转发次数达到500次以上的，应当认定为刑法第246条第1款规定的"情节严重"，可构成诽谤罪。

腾讯微信作为国内影响力较大的提供即时通讯服务和信息传播服务的平台，也出台了规定，保护与其相关的知识产权。

2015年2月3日，腾讯微信在其官方公众平台上发布了《微信公

众平台关于抄袭行为处罚规则的公示》（以下简称《公示》），目的在于保护原创内容，打击抄袭等侵权行为。如果微信使用者发现公众号存在抄袭行为，可以通过"侵权投诉"链接对其进行举报。

《公示》规定，若发现公众号存在抄袭行为，第一次给予"删文并警告"的处罚，第二次封号 7 天，第三次封号 14 天，第四次封号 30 天，第五次将永久封号。

《公示》还提出："为了推动微信公众平台产出更多优质原创文章，微信公众平台近日已推出了'原创声明'功能，暂时开放给已认证的媒体公众号。对于不遵守平台规则，乱使用'原创声明'功能的恶意和违规行为，一经发现和被举报，将永久回收'原创声明'功能，且进行阶段性封号处理。"

五、思考与讨论

同人小说之争

孙某是一名动漫爱好者，他把当时网络上评分较高的一部国产动画改编成了所谓的同人小说。该小说沿袭了这部动画中全部人物的姓名、关系和故事情节，但对故事发生的年代和场景进行了简单的修改。由于该国产动画在网络上更新的速度较慢，很多动漫迷就转而去看孙某改编的同人小说。由于孙某的写作功底较为深厚，其小说更新速度很快，得到了读者的追捧，因此这部同人小说在网络上非常流行。

某出版社看到了商机，与孙某签订了出版协议，将该同人小说以孙某的网络笔名为唯一作者重新打造后推出市场。出版商使用了该动画的人物形象作为此同人小说的封面，但并没有使用该动画的名称作为该小说出版物的书名。

根据你所了解的知识，你认为这其中存在侵犯著作权的行为吗？

为什么？

六、课后拓展与研究

　　某知名画家生前曾创作了一幅名画，通过某拍卖行出售给了买家 A。在画家逝世后，他的继承人 B 发现，某出版社出版的一套挂历中有这幅作品。尽管这幅作品上留有画家的印章，但署名却是买家 A。后经了解，A 因此获得了报酬。

　　于是继承人 B 将买家 A 告上法庭，认为买家 A 侵犯了自己的著作权。如果你是法官，你会如何判决呢？

第七章

其他知识产权

"垃圾"里的秘密

A 公司和 B 公司是日化消费品市场的两大品牌，随便走进哪家超市，都会发现这两个公司的产品占据了很大的空间，两巨头之间的竞争由来已久。两家公司明争暗斗，想办法在技术创新、客户资源等方面一招制"敌"，压倒对手。

有一次，B 公司发现，自己公司的很多"秘密"都被 A 公司掌握了，原本要推出的洗护用品因为 A 公司抢先上市了同样性能、同样概念的产品而影响了销量。而 B 公司买来 A 公司的新产品与自己公司的产品进行化学分析，发现其使用的成分与配方等与自家公司的产品一模一样，也就是说用的是同样的配方！这就不是简单的巧合了，于是 B 公司对此事展开了深入调查。

经调查发现，A 公司为了获得 B 公司的相关机密，进行了商业间谍活动，包括从"垃圾堆"中获取信息。A 公司聘请了一位保洁人员到 B 公司工作，将每天收到的纸张类垃圾卖给 A 公司人员。这就不难解释，为什么 A 公司能对自己的动态了若指掌了。

但是 A 公司辩解说，自己收获的相关信息是从 B 公司不要的"垃圾"中获得的，既然是垃圾，自然没有商业价值，因此也谈不上侵犯知识产权。

对于这种说法，你怎么看？

一、知识课堂

前面故事中提到的案例，其实就涉及我们常说的"商业秘密"这个概念，商业秘密属于知识产权的一种。那么，除了专利、商标和版权，知识产权还包含其他哪些内容呢？

（一）商业秘密

商业秘密是指不为公众所知悉、具有商业价值并经权利人采取相应保密措施的技术信息和经营信息。

那技术信息和经营信息是什么呢？所谓技术信息和经营信息，包括设计、程序、产品配方、制作工艺、制作方法、管理诀窍、客户名单、货源情报、产销策略、招投标中的标底及标书内容等信息。

（二）植物新品种

① 什么是植物新品种？

植物新品种，是指经过人工培育的或者对发现的野生植物加以开发，具备新颖性、特异性、一致性和稳定性并有适当命名的植物品种。完成育种的单位和个人对其授权的品种，享有排他的独占权，即拥有植物新品种权。

依据《中华人民共和国植物新品种保护条例》，国务院农业、林业行政部门按照职责分工共同负责植物新品种权申请的受理和审查并对符合本条例规定的植物新品种授予植

物新品种权。目前，我国对植物新品种权的保护还仅限于植物新品种的繁殖材料。对植物育种人的权利保护，保护对象不是植物新品种本身，而是植物育种者应当享有的权利。

② 植物新品种的保护期限。

我国对植物新品种权的保护期限已有明确规定：自授权之日起，藤本植物、林木、果树和观赏树木为 20 年，其他植物为 15 年。

（三）地理标志

① 什么是地理标志？

地理标志是指标示某商品来源于某地区，该商品的特定质量、信誉或者其他特征，主要由该地区的自然因素或人为因素所决定的标志。比如我们所熟知的宁夏枸杞、大兴西瓜（北京）、陕西老陈醋、盘锦大米（辽宁）、阳澄湖大闸蟹（江苏）等，均属于地理标志性产品。

② 地理标志保护产品的分类。

地理标志保护产品包括：一是来自本地区的种植、养殖产品；二是原材料来自本地区，并在本地区按照特定工艺生产和加工的产品。

该类产品主要包括以下几个类型：

酒类：白酒，葡萄酒及果酒，啤酒，黄酒，药酒、保健酒，其他

茶叶：绿茶，红茶，黄茶，白茶，乌龙茶（青茶），黑茶，其他

水产品：水产品

保健食品：保健食品

蜂产品：蜂蜜，蜂王浆，其他

新鲜水果：苹果，梨，柑橘、橙、柚，香蕉，时令水果，其他

中草药材：中草药材

粮食油料：小麦粉，大米，挂面，植物油，动物油，调和油，棕榈油，橄榄油，其他

瓜果蔬菜：腌制蔬菜，速冻蔬菜，新鲜蔬菜，新鲜瓜果

加工食品：加工食品

轻工产品：轻工产品

禽畜蛋：猪肉，牛肉，羊肉，鸡肉，香肠，火腿，腌、腊肉，酱、
　　　　卤肉，蛋制品，其他

烟草：烟草

（四）集成电路布图设计

① 什么是集成电路布图设计？

集成电路布图设计，是指集成电路中至少有一个是有源元件的两个以上元件和部分或者全部互连线路的三维配置，或者为制造集成电路而准备的上述三维配置。

集成电路布图设计权是一项独立的知识产权，是权利持有人对其布图设计进行复制和商业利用的专有权利。布图设计权的主体是指依法能够取得布图设计专有权的人，通常称为专有权人或权利持有人。

② 集成电路布图设计的特殊性。

集成电路布图设计，实际上来说是一种图形设计，但不是一种对外观的设计，因此我们无法用专利法来对其加以保护。此外，集成电路布图设计虽然是一种图形设计，但既不是一种思想的表达，也不具备艺术性，所以我们也无法用著作权法对其加以保护。

集成电路布图设计是一种非常特殊的知识产权，现有的专利法和著作权法对集成电路布图设计并没有给予有效的保护，因此世界上很多国家通过单独立法来确认布图设计的专有权，从而给予其知识产权

保护。

③ 集成电路布图的相关法规。

我国对集成电路布图设计保护相对较晚。2001年3月28日国务院通过了《集成电路布图设计保护条例》，于2001年10月1日生效。根据《集成电路布图设计保护条例》，特制定《集成电路布图设计保护条例实施细则》，自2001年10月1日起施行。根据《集成电路布图设计保护条例》，制定《集成电路布图设计行政执法办法》，自2001年11月28日起实行。

二、课堂拓展

商业秘密的特点

商业秘密和专利权、商标权、著作权等类型的知识产权相比，具有以下特点：

① 非公开性。

专利权、商标权、著作权等知识产权都是公开的，而商业秘密作为一种"秘密"，具有非公开性。也就是说，对于专利权、商标权、著作权等，公众知道该权利保护的是什么。对于商业秘密，只有商业秘密的拥有者才知道自己所保护的内容是什么，公众并不知情。

② 非专有性。

商业秘密是一项相对的权利。商业秘密的专有性不是绝对的，不具有排他性。如果其他人以合法方式取得了同一内容的商业秘密，他们就和第一个人有着同样的地位。商业秘密的拥有者既不能阻止在其之前已经开发掌握该信息的人使用、转让该信息，也不能阻止在其之后开发掌握该信息的人使用、转让该信息。

③ 无时间限制。

我们都知道，专利权、商标权、著作权等知识产权具有时间性，它们受法律保护是有时间限制的。也就是说，当知识产权超过法定的保护期限，就会成为公共财富，任何人都有权利自由使用。但是商业秘密有所不同，它受到保护的期限取决于权利主体对机密的保护程度，只要权利主体保护得当，商业秘密将会一直保持其"非公开性"，不为他人所知所用。

集成电路布图设计的特点

集成电路布图设计和专利权、商标权、著作权等类型的知识产权相比，拥有其特殊性：

首先，集成电路布图设计权的保护期限为 10 年，自登记申请之日或在世界任何地方首次投入商业使用之日计算（以这两个日期中更靠前的日期为准）。但是，无论是否登记或投入商业利用，集成电路布图设计自创作完成之日起 15 年后，不再受到保护。

其次，为个人目的复制集成电路布图设计、供教学研究而复制集成电路布图设计的行为属于合理使用范畴，不受法律追究。他人针对集成电路布图设计进行分析、研究然后根据这种分析评价的结果创作出新的布图设计的行为也不被视为侵权。

最后，集成电路布图设计权人或经其授权的人，将受保护的集成电路布图设计或含有该设计的半导体集成电路产品投入市场以后，对与该集成电路布图设计或该半导体集成电路产品有关的任何商业利用行为，不再享有权利。

三、课堂活动

成分 vs 配方之争

贾某在 A 药品制造公司工作期间，接触到了某项畅销药品的制造过程。后来，贾某在离职后受聘于 B 药品制造公司。为了帮助新公司谋取利益，同时帮助自己在新公司站稳脚跟，贾某将 A 药品制造公司的畅销药品配方告知了新公司并投入生产。

A 药品制造公司知晓后，将贾某和 B 药品制造公司告上法庭。A 药品制造公司认为贾某和 B 药品制造公司侵犯了其知识产权。

但贾某认为，A 药品制造公司的该项畅销药品成分明确标注在药品包装盒上，已然被大众知晓，不受知识产权的保护。

请你根据之前所学和自己的理解谈谈看，法院应该支持谁的观点？为什么？

- -

- -

四、你知道吗

随着时代的发展，社会的进步，其他知识产权的内容也在不断地丰富。同时，相关的法律法规也在不断地完善中，仅就商业秘密而言，与之相关的法律法规就有如此之多：

宪法

《中华人民共和国宪法》（2018 年修正）第 20 条关于奖励科学研究成果和技术发明创造的规定。

其他法律

①《中华人民共和国刑法》第 219 条关于侵犯商业秘密罪以及应承担的刑事责任的规定。

②《中华人民共和国反不正当竞争法》第 9 条列举了 3 种关于侵犯商业秘密禁止性规范，并对商业秘密及侵犯商业秘密的行为进行界定；第 21 条关于侵害商业秘密的行为应承担损害赔偿责任的规定。

③《中华人民共和国合同法》第 42 条关于缔约过失责任的规定；第 43 条关于保密义务的规定；第 60 条关于诚实信用的规定；第 92 条关于合同终止后义务的规定；第 18 章关于技术转让合同中技术秘密转让的规定。

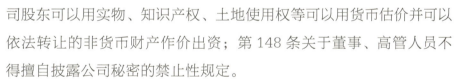

④《中华人民共和国公司法》第 27 条、第 82 条规定有限责任公司、股份有限公司股东可以用实物、知识产权、土地使用权等可以用货币估价并可以依法转让的非货币财产作价出资；第 148 条关于董事、高管人员不得擅自披露公司秘密的禁止性规定。

⑤《中华人民共和国律师法》第 38 条规定律师应当保守在执业活动中知悉的国家秘密、商业秘密，不得泄露当事人的隐私；第 48 条规定了律师泄露商业秘密应承担的行政处罚。

⑥《中华人民共和国进出口商品检验法》第 10 条关于国家商检部门和商检机构的工作人员在履行进出口商品检验的职责中，对所知悉的商业秘密负有保密义务的规定；第 37 条关于国家商检部门、商

检机构的工作人员违反本法规定，泄露所知悉的商业秘密应承担的行政责任和刑事责任的规定。

⑦《中华人民共和国劳动法》第22条规定劳动合同当事人可以在劳动合同中约定保守用人单位商业秘密的有关事项；第102条规定劳动者违反本法规定的条件解除劳动合同或者违反劳动合同中约定的保密事项，对用人单位造成经济损失的，应当依法承担赔偿责任。

⑧《中华人民共和国民事诉讼法》第134条关于涉及商业秘密的案件，当事人申请不公开审理的，可以不公开审理的规定。

⑨《中华人民共和国科学技术进步法》第28条关于国家实行科学技术保密制度的规定。

⑩《中华人民共和国促进科技成果转化法》第11条关于国家建立、完善科技报告制度和科技成果信息系统不得泄露商业秘密的规定；第30条关于科技中介服务机构对其在服务过程中知悉的商业秘密负有保密义务的规定。

五、思考与讨论

植物 vs 种子之争

A 良种有限责任公司诉 B 农业股份有限公司侵犯植物新品种权纠纷案案件记录：A 良种有限责任公司向原国家农业部申请了"长得快"普通小麦植物新品种权，并获得了批准。

后来，原告 A 良种有限责任公司发现被告（B 农业股份有限公司）未经原告许可，为商业目的生产、销售了"长得快"小麦种子，被告的行为侵犯了原告的植物新品种权，故诉至法院，请求法院判令被告停止侵权。

B 农业股份有限公司认为，"长得快"普通小麦植物新品种权保护的是"长得快"普通小麦植物，B 农业股份有限公司并没有销售小麦，只是销售了该植物的种子，并不存在侵权的实质行为。

请你根据之前所学和自己的理解谈谈看，法院应该支持谁的观点？为什么？

六、课后拓展与研究

西湖龙井 vs 来自西湖的龙井之争

下面我们来一起分析一个关于地理标志的案例。

西湖龙井属于绿茶的一种，是中国的十大名茶之一。西湖龙井茶历史悠久，清朝皇帝乾隆就曾在品尝过西湖龙井后，盛赞西湖龙井茶。

西湖龙井因为产于杭州西湖的龙井茶区而得名。龙井既是地名，也是茶名，西湖龙井茶是一种典型的地理标志产品。

从 2014 年开始，杭州市西湖龙井茶管理协会对全国各地的西湖龙井茶专卖店实行授牌许可。

但是，市面上的确存在标识为"西湖龙井"又没有得到西湖龙井茶管理协会许可的茶商品。有一次，西湖龙井茶管理协会就遇到了这样一款未经许可的茶叶产品

在销售，于是将该产品的销售公司告上法庭。

但是涉嫌侵权的茶叶公司辩解说，自己销售的茶叶的确是来自西湖的茶农，因此并不存在盗用"西湖龙井"名称的行为，也不存在地理标志侵权行为。

假设你是法官，你会如何判决呢？你的依据是什么？

第八章

相关练习答案

第一章 什么是知识产权

三、课堂活动

饮料的配方属于发明专利的保护范畴；

饮料瓶的设计属于外观设计专利的保护范畴；

饮料公司的注册商标属于商标的保护范畴；

饮料瓶上的包装属于外观设计专利的保护范畴；

饮料的名称属于商标的保护范畴。

五、思考与讨论

减肥公司侵犯了该明星的肖像权。肖像权是公民可以同意或不同意他人利用自己肖像的权利。法律规定，未经本人同意，不得以营利为目的使用公民的肖像。

同时，该公司还侵犯了照片拍摄者的著作权。照片拍摄者对其拍摄的明星照片享有著作权。

第二章 为什么要保护知识产权

三、课堂活动

专利法不授予以下内容专利权的原因是：

科学发现——科学发现是对自然界规律或事物的认知结果，而不是新的发明创造。发现和发明有着本质的区别，只有将发现运用到实际生活中，产生实际价值，创造出新的、具有实用性的发明，才能获得知识产权的保护。

智力活动的规则和方法——专利法中规定，智力活动的规则和方法不能授予专利权，智力活动是一种精神的思维运动。它直接作用于人的思维，经过人的思维活动才能产生结果，或者必须经过人的思维作为媒介才能间接地作用于自然，产生效果，而不使用自然力。所以这类活动不具备技术的特征，也就不属于专利法中所说的发明创造，因而不能授予专利权。

疾病的诊断和治疗方法—— 一是，这些方法直接针对人体和动物身体，不能在工业上应用；二是，这些方法是为全人类的生命和健康服务的，从人道主义原则出发，不应由少数人垄断；三是，即使这些方法被授予专利权，专利权人也是无法获取其利益的。

用原子核变换方法获得的物质——原子核变换方法及用该方法所获得的物质关系到国家的经济、国防、科研和公共生活的重大利益，不宜为人垄断，因此不授予专利权。

对平面印刷品的图案、色彩或者二者的结合作出的主要起标识作用的设计——图案、色彩或者二者的结合实在太多了，而且其设计要点和方法比较简单，保护价值不高。

五、思考与讨论

建议采取如下举措改变这些问题：

① 提高知识产权侵权赔偿额度；

② 对恶意侵权施以惩罚性赔偿；

③ 探索建立完善知识产权保护制度。

六、课后拓展与研究

目前现有的法律法规中，和知识产权相关的有：《中华人民共和国专

利法》《中华人民共和国商标法》《中华人民共和国著作权法》《计算机
软件保护条例》《集成电路布图设计保护条例》《著作权集体管理条例》
《音像制品管理条例》《中华人民共和国植物新品种保护条例》《中华
人民共和国知识产权海关保护条例》《特殊标志管理条例》《奥林匹克
标志保护条例》等。

第三章　知识产权的特点

三、课堂活动

设置知识产权的保护期，是为了寻求个人与社会利益的一种平衡。
在有效期内，知识产权所有者可以将自己的知识产权转化为经济利益，
个人权益就得到了保护。但同时我们也要意识到，将先进的技术开放，
有利于科学技术的发展，更有利于人类的进步。因此，设置合理的有
效期，既保护了知识产权所有者的个人利益，又为社会和科技的进步
带来了好处。

显然，如果不给知识产权设置有限保护期，导致的结果是：先进
的发明创造和技术等，将被永久垄断到个人手中，这对于科技的进步
和社会的发展而言，显然是不利的。

五、思考与讨论

A．在中国出版该日本作家的作品

著作权保护期限是指著作权受法律保护的时间界限。在著作权的
保护期限内，作品受著作权法保护；著作权期限届满，著作权丧失，
作品进入公有领域。这也是著作权作为知识产权具有时间性这一法律
特征的体现。

知识产权具有地域性，因此，在出版作品的过程中，我们要充分

考虑所在国家对著作权的相关规定。我国著作权法规定，外国人、无国籍人的作品根据其作者所属国或者经常居住地国同中国签订的协议或者共同参加的国际条约享有的著作权，受本法保护。我国和日本同为《伯尔尼保护文学和艺术作品公约》的成员国，该公约给予保护的期限为作者有生之年及其死后 50 年内。日本对著作权的保护期规定为作者有生之年及其死后 70 年，我国对著作权的保护期规定为作者有生之年及其死后 50 年。那么，去世 55 周年的日本作家的作品仍然在日本的著作权保护期限内，因此，只能在中国出版。

六、课后拓展与研究

根据《著作权法》第 11 条第 3 款的规定，由单位主持、代表单位意志创作并由单位承担责任的作品，单位被视为作者，行使完整的著作权。

夏某作为公司设计部的职员，其本职工作就是为公司项目提供动画形象设计。公司与夏某之间就其工作范畴和职务也签订了详细的劳务合同，且夏某此次完成的设计也隶属于公司承接的项目，符合"由单位主持、代表单位意志创作并由单位承担责任的作品"，因此，该动画设计完整的著作权归属应为公司，而不是夏某本人，夏某的诉求不合法。

第四章 了解专利权

二、课堂拓展

如果不考虑成本和可行性的问题，那么：

小夏的方案——具有擦除功能的铅笔，可以申请实用新型专利。

小李的方案——矫正坐姿的铅笔，可以申请发明专利。

小马的方案——彩色卡通铅笔，可以申请外观设计专利。

五、思考与讨论

小夏的方案——具有擦除功能的铅笔。该方案可以申报专利，但是需要考虑成本和实用性的问题，如果该项发明落实到产品上造成书写困难或者成本高昂，那么就没有申请专利的意义。

小李的方案——矫正坐姿的铅笔。该方案不可以申报专利，因为已经存在相关的发明创造"正姿护眼笔"。

小马的方案——彩色卡通铅笔。该方案不可以申报专利，因为这项设计缺乏实用性、新颖性和创造性，只是对铅笔外观的改良，而不能归为发明创造，自然也就不能申请专利。

第五章　了解商标权

三、课堂活动

商　标	如不符合，请说明理由
（一）红三角牌三角尺	过于简单，不符合"能够将自然人、法人或者其他组织的商品或服务与他人的商品或服务区别开的可视性标志，包括文字、图形、字母、数字、三维标志和颜色组合，以及上述要素的组合"的要求。
（二）猪肉牌猪肉松 	不符合"不得使用本商品的通用名称和图形"的要求。
（三）小闹钟牌闹钟	不符合"不得使用本商品的通用名称和图形"的要求。
（四）康帅博牌方便面 	不符合"申请注册的商标，应当有显著特征，便于识别，并不得与他人在先取得的合法权利相冲突"的要求。
（五）红月亮牌洗衣液	不符合"不得同'红十字''红新月'标志、名称相同或者近似"的要求。

五、思考与讨论

从知识产权保护的层面出发，你认为这体现了知名企业在哪方面的保护意识？

商标作为一个企业的标识，是一项极为重要的知识产权，也是一项无形的资产，等同于一个企业的招牌。因此，为了防止他人利用仿冒或接近的商标，打着自己企业招牌从事营利活动，大型企业通过注册多个与自己企业商标接近的商标来达到维护自己商标知识产权的目的。

你认为各大企业应该如何更好地做好商标的知识产权保护？

第一，各大企业应该做好商标的知识产权备案和注册工作，并注意在商标保护期到期时按时进行延展。

第二，企业应密切关注"中国商标网"等权威信息发布，对涉嫌与本企业的在先权利相冲突的他人申请注册或已经注册的商标，在法定期限内提出商标异议或争议申请。

第三，企业应充分利用销售网点作为商标维权阵地，主动培训销售人员，通过销售人员加强周边市场巡查，及时发现侵权线索，提高维权效果。

第四，企业可根据实际需要，向海关总署申请商标知识产权备案，加强进出口环节的商标保护。

第五，企业还可通过申请认定驰名商标，扩大商标保护范围，提升商标保护强度。

六、课后拓展与研究

这是真实的案例，"五粮液"起诉"七粮液"商标侵权案件持续半年多终于落下帷幕。北京市第二中级人民法院2011年7月22日宣判，"七粮液"系列酒侵犯了"五粮液"商标专用权，要求生产"七粮液"的公司立即停止生产、销售"七粮液"酒，并赔偿"五粮液"损失。

法院的判决书认为，"七粮液"与"五粮液"构成近似（被告生产销售的白酒宣传袋上、外包装纸盒上均使用了"七粮液"酒名，且在外观设计上也与"五粮液"十分接近），易让消费者误认为其来源与"五粮液"有特定的联系，属侵犯"五粮液"注册商标专用权的行为。被告生产、销售"七粮液"酒的行为侵犯了原告的"五粮液"商标专用权。

第六章　了解著作权

二、课堂拓展

① 这篇发言稿的著作权人应为该公司法人刘某，因为根据《中华人民共和国著作权法》第11条规定，由法人或者非法人单位主持，代表法人或者非法人单位意志创作，并由法人或者非法人单位承担责任的作品，法人或者非法人单位视为作者。

② 这篇发言稿的著作权人应为王某，因为根据《中华人民共和国著作权法实施条例》第4条规定，口述作品是指即兴的演说、授课、法庭辩论等以口头语言形式表现的作品，也受到著作权法的保护。

③ 这篇发言稿的著作权应为外籍友人所有，因为根据《中华人民共和国著作权法》第12条规定，改编、翻译、注释、整理已有作品而产生的作品，其著作权由改编、翻译、注释、整理人享有，但行使著作权时不得侵犯原作品的著作权。

三、课堂活动

我国著作权法对著作权的保护期规定为著作权人去世后50年，因此，出版李白的诗集作品，只要不对其作品进行改动，那么不存在侵权行为。但是，未得到授权而使用画家和书法家的作品显然存在侵权（著作权）行为。

五、思考与讨论

根据我国《著作权法》第 10 条规定，著作权包括下列人身权和财产权：

发表权，即决定作品是否公之于众的权利；

署名权，即表明作者身份，在作品上署名的权利；

修改权，即修改或者授权他人修改作品的权利；

保护作品完整权，即保护作品不受歪曲、篡改的权利；

改编权，即改变作品，创作出具有独创性的新作品的权利；

……

孙某的同人小说，虽然只是对动画作品的"演绎"，但是这就意味着该作品很容易侵犯原作者的修改权、保护作品完整权和改编权。同时，对于大量使用原著情节和人物关系的改编而言，早已超出合理范围，难以构成合理使用中的"适当引用"。加之孙某和出版商利用该"演绎作品"进行牟利，但并未获得动画作者的授权，也没有在出版物上署动画作者的名，因此，该同人作品又涉嫌侵犯了原作者的发表权和署名权。

从这个意义上说，虽然国家法律中还没有明确对同人作品的著作权问题进行规定，但是，孙某在这个案子中显然侵犯了原作者的著作权。

六、课后拓展与研究

根据我国《著作权法》第 10 条和第 19 条的规定：

著作权属于公民的，公民死亡后，以下权利在本法规定的保护期内，依照继承法的规定转移。

复制权，即以印刷、复印、拓印、录音、录像、翻录、翻拍等方式将作品制作一份或者多份的权利；

发行权，即以出售或者赠与方式向公众提供作品的原件或者复制件的权利；

汇编权，即将作品或者作品的片段通过选择或者编排，汇集成新作品的权利；

……

买家 A 只是通过竞买获得了这幅作品原件的所有权，但这幅作品的其他权利应该归继承人所有。但是买家 A 却在没有获得继承人 B 允许的情况下，擅自出版该作品，侵犯了继承人 B 的复制权、发行权和汇编权。此外，使用该作品未向著作权人支付稿酬，侵犯了继承人的获得报酬权。

第七章　其他知识产权

三、课堂活动

应支持 A 药品制造公司。药品配方属于商业秘密，药品说明书上虽然已经标注了该药品的主要成分，但并不包含该药品的全部配方和成分。其真正的制作过程、制作工艺以及成分配方，属于该药品公司所独有的商业秘密。

B 药品制造公司显然无法只使用药品说明书上的配方制造该药品，而是通过贾某提供的配方和工艺技术才能制造出此药品，因此，B 药品制造公司侵犯了 A 药品制造公司的知识产权，应该追究其法律责任。

五、思考和讨论

应该支持 A 良种有限责任公司的观点。B 农业股份有限公司未经A 良种有限责任公司许可，为商业目的生产、销售"长得快"普通小麦品种的繁殖材料，侵犯了 A 良种有限责任公司享有的植物新品种权，应承担停止侵权、赔偿损失的民事责任。

六、课后拓展与研究

西湖龙井茶协会作为"西湖龙井"文字商标的注册人,依法享有该注册商标的商标专用权,该商标处于有效期内,依法应当受法律保护。

至于被告出售的茶叶是否正宗,种植的茶农是否来自西湖,与本案无关。杭州市内的西湖龙井茶生产企业都必须申请使用该地理标志证明商标,未经许可的西湖龙井茶将不能在市场上出售,这才是本案是否涉及侵权的关键。